AF313320

VENTE
DU MARDI 23 AVRIL 1901
à 3 heures 1/2

HOTEL DROUOT, Salle N° 6

SUCCESSION DE M. H. P...

Tableaux Modernes

ET

AQUARELLES

Mᵉ **LÉON TUAL**
Commissaire-priseur

M. **GEORGES PETIT**
Expert

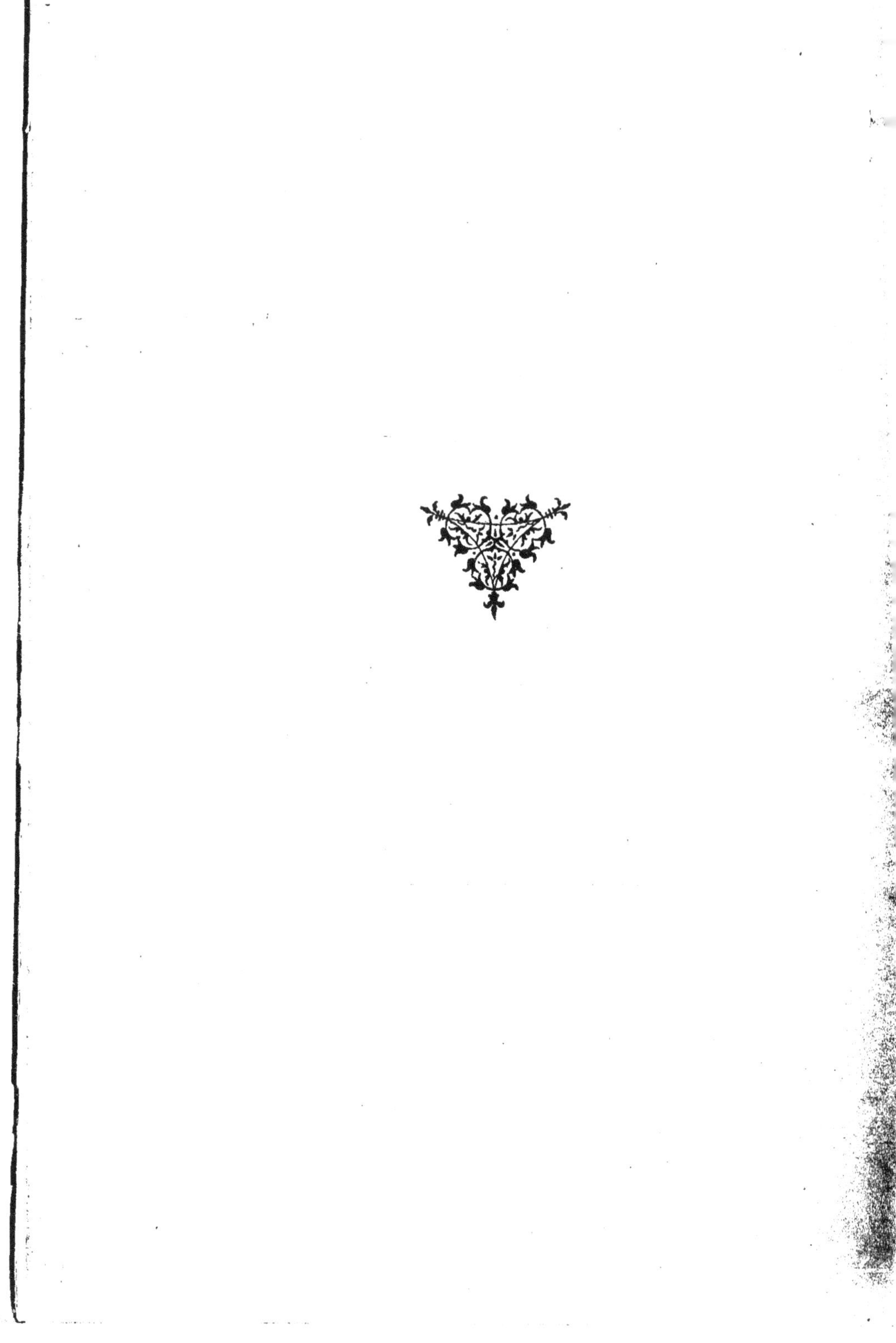

Tableaux Modernes

ET

AQUARELLES

CONDITIONS DE LA VENTE

Elle sera faite au comptant.

Les acquéreurs paieront dix pour cent en sus des prix d'adjudication.

Paris. — Imprimerie Georges Petit, 12, rue Godot-de-Mauroi. — 10587-01.

CATALOGUE

DE

Tableaux Modernes

ET

AQUARELLES

PAR

BASTIEN-LEPAGE, CAZIN, COROT, DAUMIER
DELACROIX (E.), DIAZ, HARPIGNIES
JACQUE (CH.), MEISSONIER, RAFFET, VEYRASSAT, VIGNON
VOLLON, ETC.

Composant la Collection de M. H. P...

DONT LA VENTE AURA LIEU
Par suite de son décès

HOTEL DROUOT, SALLE N° 6

Le Mardi 23 Avril 1901

A 3 HEURES 1/2

COMMISSAIRE-PRISEUR	EXPERT
Mᵉ LÉON TUAL	**M. GEORGES PETIT**
56, rue de la Victoire	*rue Godot-de-Mauroi, 12*

EXPOSITIONS

PARTICULIÈRE : *Le Lundi 22 Avril 1901, de 2 h. à 5 h. 1/2.*
PUBLIQUE : *Le Mardi 23 Avril (jour de la vente), de 1 h. à 3 h.*

DÉSIGNATION

BASTIEN-LEPAGE

1 — *Le Charbonnier.*

Le sol couvert de neige. Quelques arbres aux branches dépouillées. Vers la gauche, le charbonnier est en train de défaire son four à charbon. Au fond, un bois, sous un ciel d'hiver.

Signé à gauche, en bas : *J. Bastien-Lepage*.

Toile. Haut., 59 cent.; larg., 80 cent.

Vente après décès de l'artiste.

CAZIN

2 — *L'Arc-en-ciel.*

La plaine est découverte. A l'horizon, sur l'écran des nuages envolés au-devant de l'azur, l'arc-en-ciel se dessine. A droite, une ferme coiffée d'un toit de tuiles rouges. A gauche, deux assises de pierres, et plus loin, deux meules.

Signé à droite, en bas : *J.-C. Cazin*.

Toile. Haut., 32 cent.; larg., 41 cent.

COROT

3 — *Le Chêne*.

La plaine a le sol mouvementé. Sur un ressaut, à droite, deux paysannes sont assises, vues de dos. L'une est coiffée d'une marmotte blanche, l'autre d'un fichu rouge. A gauche, sur le ciel qui s'éclaire à l'horizon, l'arbre dresse sa silhouette feuillue et ses branches tordues.

Signé à droite, en bas : *Corot*.

Toile. Haut., 25 cent.; larg., 38 cent.

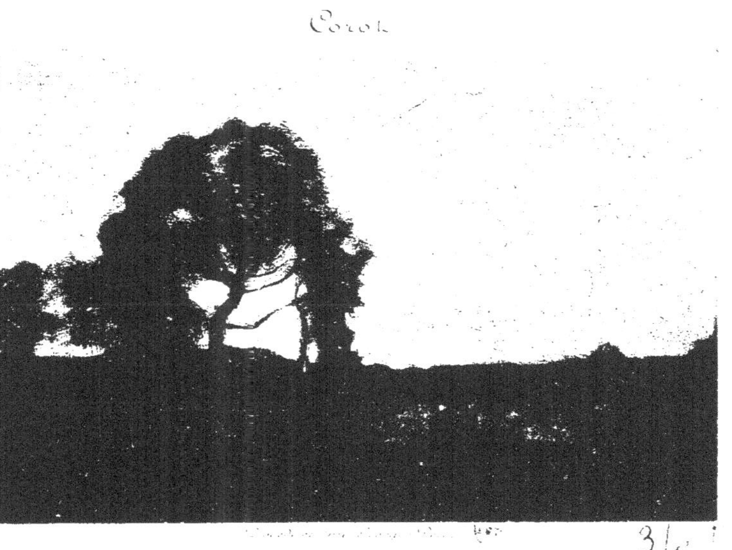

Le Chêne

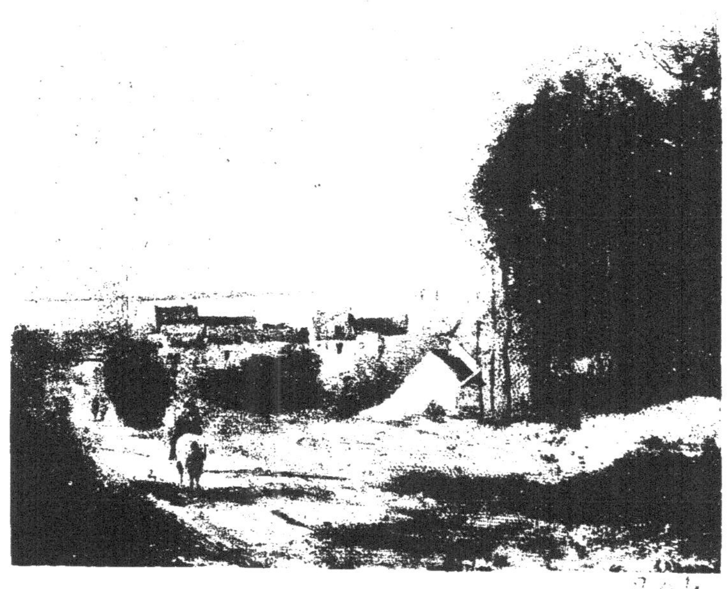
Corot
Le Cavalier

COROT

4 — Le Cavalier.

Sur la route, un homme en blouse rose et bonnet blanc, monté sur un cheval blanc, s'éloigne dans la direction du village, dont on aperçoit les maisons toiturées de tuiles brunes. Plus loin, sur la même route, deux hommes sont arrêtés et causent. A l'horizon, on aperçoit la mer, puis une côte, sous un ciel bleu tout illuminé de soleil. A droite, sur un pli de terrain, un épais massif d'arbres au feuillage touffus.

Signé à droite, en bas : *Corot.*

Toile. Haut., 45 cent.; larg., 55 cent.

DAUMIER

5 — *La Plaidoirie.*

Le défenseur est à la barre, faisant des effets de toge. De la main gauche, il tient les papiers aux preuves éclatantes. Il lève la main droite, la paume ouverte, dans un geste qui veut convaincre. Ses cheveux blancs s'envolent en coup de vent. Ses yeux apparaissent pleins de feu au-dessus de ses lunettes qui chevauchent son nez puissant. Il ouvre grande sa bouche pour une éloquence tonitruante. Sur la barre, il a déposé d'autres papiers devant lui et sa toque à sa droite. Derrière lui, dans l'ombre, on aperçoit le public debout, parqué hors du prétoire.

Signé à gauche, en bas : *H. Daumier.*

Aquarelle. Haut., 16 cent.; larg., 22 cent.

Exposition d'Alsace-Lorraine (1885).
Exposition de la Caricature (1888).
Exposition centennale de l'Art français (1889).
Collection Bellino.

Delacroix

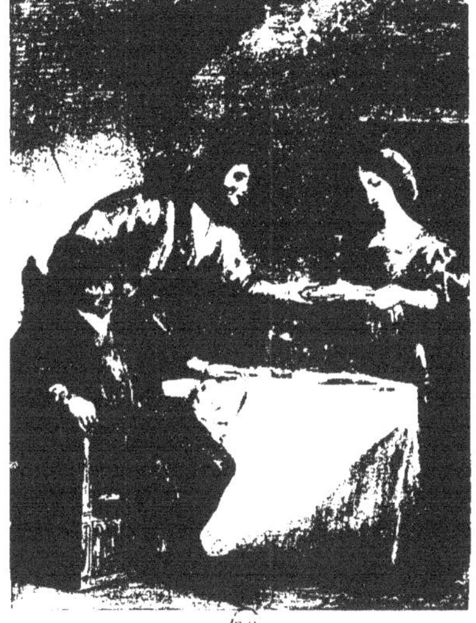

Louis XI et Quentin Durward

Daumier

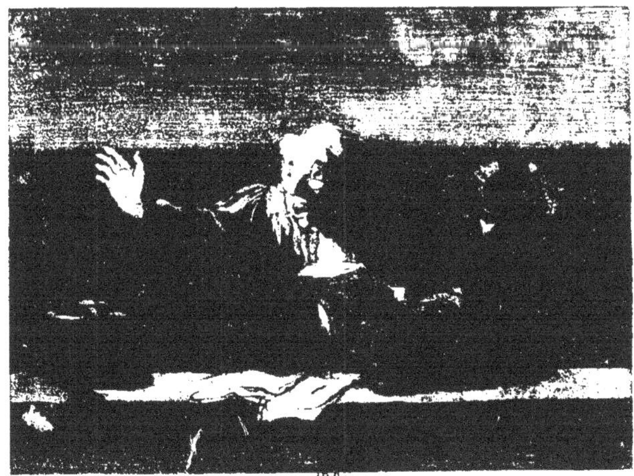

La Plaideuse

DELACROIX (Eug.)

6 — *Louis XI et Quentin Durward se faisant servir à déjeûner par la prin-
cesse de Croy.*

Louis XI est assis dans une faldistoire. Il est
vu de trois quarts à droite, la main droite à l'ac-
coudoir, la main gauche retenant une serviette
sur le coin de la table, couverte d'une nappe.
Derrière lui, debout, Quentin se penche au-dessus
de la table et reçoit de la main de la jeune com-
tesse, debout de l'autre côté, un plateau portant
un verre à demi rempli.

Signé à droite, en bas : *Eug. Delacroix.*

Aquarelle. Haut., 24 cent.1/2 ; larg., 19 cent.

Exposition des œuvres de Delacroix, n° 269.

DIAZ

7 — *La Mare*.

Dans la plaine, au sol légèrement mouvementé, une mare offre son miroir clair aux reflets qui tombent du ciel chaud, marqué de quelques nuées grises. Au milieu, sur le bord de la mare ou dans l'eau jusqu'à mi-jambes, quatre vaches sont en train de s'abreuver.

Panneau. Haut., 24 cent.; larg., 35 cent. 1/2.

HARPIGNIES

8 — *Soleil couchant à Saint-Privé*.

Un ciel où les nuages se heurtent pour de prochaines giboulées. Des arbres, aux branches encore orphelines de feuillage. A droite et à gauche, un terrain qui se relève légèrement en pente douce. Un sol où l'on ne voit encore qu'une herbe rare.

Signé à gauche, en bas : *Harpignies, 89*.

A droite, en bas : *Saint-Privé, avril*.

Aquarelle. Haut., 24 cent.; larg., 36 cent.

JACQUE (Charles)

9 — *Poules de Houdan.*

La basse-cour. Vers la gauche, une auge de bois ; plus loin, tombé sur la paille qui couvre le sol, un balai. Plus loin encore, du même côté, un panier renversé. Huit poules sont là, piquant du bec la paille et les feuilles de chou. Au milieu, superbe, droit sur ses ergots, la tête aux plumes hérissées, le coq regarde avec une majesté sans égale les poules qui sont autour de lui.

Signé à gauche, en bas : *Ch. Jacque.*

Toile. Haut., 5o cent.; larg., 65 cent.

JACQUE (Charles)

10 — *La Basse-cour.*

Dans un coin de la cour de la ferme, des poules et des coqs vivent en paix et piquent du bec les grains égarés parmi les fétus de paille. Le coq se tient de profil : la lumière projette sur le mur sa fière silhouette. A droite, au premier plan, une bassine de terre. On aperçoit, à gauche, un petit toit de tuiles rouges.

Signé à gauche, en bas : *Ch. Jacque.*

Aquarelle. Haut., 19 cent.; larg., 25 cent.

LAZERGES (Paul)

11 — *Un Chameau chargé d'une pacotille.*

Il est vu de profil à droite dans une cour, sa tête se silhouettant sur le ciel bleu.

Signé à droite, en bas : *Paul Lazerges, Biskra, 1898.*

Panneau. Haut., 27 cent.; larg., 36 cent.

MEISSONIER

12 — *Colonel de cuirassiers.*

Un colonel de cuirassiers, en selle sur un cheval bai, de profil à gauche, lancé au galop ; le cheval n'a pas de brides ; le cavalier lève le bras droit, dans un geste énergique.

Étude pour le *1807.*

Étude faite en 1867.

Signé à droite, en bas, du timbre de la vente.

Panneau. Haut., 25 cent. 1/2 ; larg., 21 cent.

Exposition de l'atelier Meissonier (avril 1893).

NEUVILLE (A. de)

13 — *La Gare de Saint-Omer.*

Un coin de garage, à la gare. A droite, quelques wagons sur les rails. A gauche, deux employés arrêtés près d'autres wagons.

A droite, en bas : *Saint-Omer, 1878.*

A gauche, en bas, le timbre de la vente.

Panneau. Haut., 14 cent.; larg., 23 cent.

RAFFET

14 — *Révocation de l'édit de Nantes.*

« Des milliers de citoyens sont foulés aux pieds des chevaux et massacrés..... »

Aquarelle. Haut., 13 cent.; larg., 10 cent.

RIBOT

15 — *La Nuit sur le village.*

Dans le ciel encore clair, la petite église dresse son clocher qui émerge des frondaisons assombries. A gauche, la silhouette des maisons.

Carton. Haut., 19 cent.; larg., 23 cent.

Vente après décès de l'artiste.

SAINTIN (Henri)

16 — *Les Ruches.*

Signé à droite, en bas : *Henri Saintin, avril 1881.*

Toile. Haut., 39 cent.; larg., 55 cent.

VEYRASSAT

17 — *Le Départ pour les champs.*

A gauche, une ferme. Devant la porte, une paysanne cause avec un homme, qui va conduire aux champs ses deux attelages de labour et se tient assis sur un cheval gris pommelé. Plus à droite encore, une rivière aux bords fleuris. Trois poules cherchent leur pâture sur le sol. Près de la cheminée, deux hirondelles mettent leur accent circonflexe sur le fond du ciel où passent des nuages de lumière.

Signé à gauche, en bas : *J. Veyrassat.*

Panneau. Haut., 24 cent.; larg., 32 cent.

VIGNON

18 — *Le Chemin du village.*

La route dessine une courbe, au milieu de
prés verts. Au fond, bordant le tournant de la
route, les premières maisons du village. A droite,
une paysanne, assise sur l'herbe, près d'un arbre,
cause avec une autre femme debout devant elle.
A gauche, vers le fond, le terrain se relève en une
colline plantée de quelques arbres, dont les pana-
ches de feuilles se dressent sous le ciel bleu,
égayé de quelques nuages blancs.

Signé à gauche, en bas : *V. Vignon.*

Toile. Haut., 46 cent.; larg., 55 cent.

VIGNON

19 — *Église de Jouy.*

A gauche, sur le chemin rocailleux, une paysanne
s'en vient, son tablier à demi relevé, sa tête pro-
tégée par un fichu rouge. Derrière elle, au-dessus
d'un pli de terrain, on aperçoit le clocher de
l'église aux fenêtres romanes. A droite, un massif
d'arbres, aux branches dépouillées, cache en partie
les toits de tuiles brunes des maisons du village.
Le ciel est chargé de nuages gris.

Signé à droite, en bas : *Victor Vignon, 1885.*

Toile. Haut., 40 cent.; larg., 32 cent. 1/2.

VOLLON

20 — *Les Fraises.*

Sur une table à demi cachée par un tapis de velours vert, on voit des fraises, dont quelques-unes sont tombées d'un compotier de porcelaine. Derrière le compotier, on voit une coupe de cristal, une théière de porcelaine et une double pinte de métal.

Signé à gauche, en bas : *A. Vollon.*

Toile. Haut., 55 cent.; larg., 46 cent.

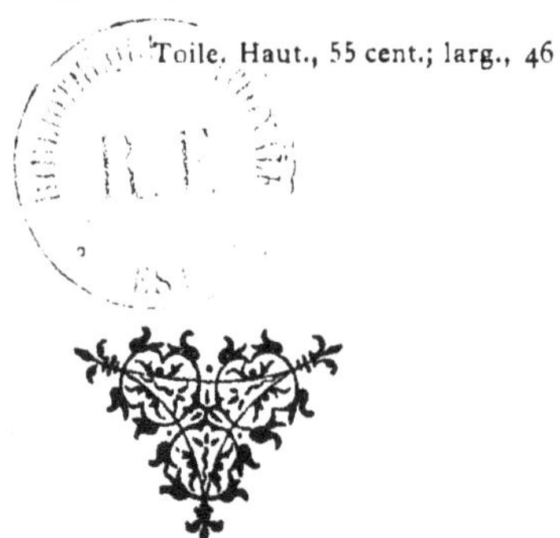